CARMEN DEBORA ESPOSITO

INVESTIRE A BASSO RISCHIO

Quello Che Le Banche Non Dicono Per Diventare Un Investitore Di Successo e Guadagnare Denaro Con Gli Investimenti Industriali Senza Perdere Il Tuo Capitale

Titolo

"INVESTIRE A BASSO RISCHIO"

Autore

Carmen Debora Esposito

Editore

Bruno Editore

Sito internet

http://www.brunoeditore.it

Sommario

Introduzione

Inizio con un grazie. Grazie per aver scaricato il mio ebook e grazie di cuore se vorrai condividere il link con i tuoi amici, affinché anche loro possano imparare non solo a difendere i propri risparmi, ma anche a diventare investitori di successo.

Mi chiamo Carmen Debora Esposito e oggi sono una consulente indipendente in Pianificazione finanziaria, ma per 14 anni sono stata una consulente bancaria e voglio condividere con te le conoscenze e le competenze che ho acquisito in tanti anni di esperienza per aiutarti a capire quali investimenti sono vantaggiosi per te e quali invece lo sono solo per chi te li propone.

Prima di entrare nel merito dell'argomento, voglio raccontarti chi sono, perché sono stata così "folle" (come mi ha detto qualcuno) da lasciare il tanto ambito "posto in banca", perché ho scritto questo libro e cosa posso fare per te.

Una volta diplomata, vinco il concorso in uno dei più importanti gruppi bancari italiani e inizio il mio percorso professionale. Capisco da subito che l'ambiente e le regole degli istituti di credito mi stanno un po' stretti, ma riesco a resistere quasi 14 anni, tra alti e bassi (più bassi che alti).

A settembre del 2001, dopo diversi anni di gavetta, vengo assegnata a quello che allora si chiamava "ufficio titoli".

Inizialmente credo tantissimo nei prodotti che propongo ai clienti, perché non ho le competenze e l'esperienza per valutarli, come spesso accade. In filiale sono il consulente che "vende" di più, vuoi per la capacità di entrare in empatia con il cliente, vuoi per il metodo, vuoi per la determinazione nel raggiungere i risultati che mi prefiggo.

Ma passano gli anni, il mio lavoro mi appassiona e sento l'esigenza di studiare, di approfondire, di capire di più i prodotti che sto vendendo e… CRACK… il meccanismo s'inceppa.

Immagina di essere in autostrada a 130 chilometri all'ora e di vedere davanti a te un bambino che ti attraversa la strada: d'istinto frenerai di colpo. Questo è quello che è successo a me quando mi sono resa conto che i prodotti che mi chiedevano di collocare avrebbero reso molto alla banca ma, nella maggior parte dei casi, il cliente si sarebbe ritrovato con un pugno di mosche.

Ecco perché un collega sosteneva che era meglio rimanere nell'ignoranza... E come dargli torto viste le pressioni che si ricevono dall'alto?

A quel punto mi trovo davanti ad un bivio: continuare a collocare prodotti dal mio punto di vista "discutibili" per non essere pressata dai miei superiori oppure agire nell'interesse del cliente, come mi suggeriscono etica, coscienza e deontologia professionale?

Intanto giungono a scadenza alcuni prodotti collocati: i primi fanno delle *performances* di tutto rispetto, non è una grande impresa considerato che sono stati collocati nel 2001, subito dopo il crollo dei mercati finanziari. Poi scadono i prodotti successivi e purtroppo arriva la conferma ai miei "sospetti": i clienti portano a casa il loro capitale e pochi spiccioli. Comincio a pensare: "avrebbe reso certamente di più investire in titoli di Stato" e le mie "vendite" diminuiscono drasticamente.

Nel frattempo vengo contattata da una società di selezione e cambio istituto di credito.

Il rapporto comincia con una bella promessa, quella di essere lasciata libera di fare consulenza, perché i prodotti sono multibrand e perché in una filiale di nuova apertura l'obiettivo primario è quello di acquisire clienti, non di collocare prodotti.

Ricordo ancora le parole che mi hanno detto il giorno del colloquio per l'assunzione: "perché da noi vieni a fare il consulente, non il venditore". Come no!

Inizialmente l'entusiasmo per una nuova sfida è tanto, i risultati che ottengo sono notevoli e le soddisfazioni economiche anche, ma verso la fine del 2008 inizia la crisi dei mutui subprime, segue il fallimento di Lehman Brothers e le pressioni commerciali, prima tollerabili, nel 2009 cominciano a diventare estenuanti anche nel nuovo istituto.

Rifletto seriamente su quanto malessere mi procurino le continue richieste di collocare prodotti sempre più volatili in un momento in cui giornalmente si assiste al peggioramento dei mercati. Mi rendo conto di quanto sia diventata insofferente alle telefonate di "sollecito", del fatto che non voglio passare la mia vita tra l'incudine (le pressioni commerciali) e il martello (l'etica) e decido di rassegnare le mie dimissioni.

Nel 2010 inizio la professione di consulente indipendente e nel 2011 apro il mio studio di consulenza in Pianificazione finanziaria. La possibilità di offrire una Consulenza con la "C" maiuscola, libera da condizionamenti e da pressioni commerciali, appaga pienamente il mio senso di giustizia e mi dà tante soddisfazioni.

Qualcuno dice che sono passata dall'altra parte della barricata, qualcun altro mi critica per aver messo in luce i "difetti" dei prodotti finanziari dopo aver percepito per anni uno stipendio dalle banche. Come fosse un segreto il fatto che le banche mirano solo al profitto...

A me piace pensare che ho fatto una scelta coraggiosa, condivisibile o meno: quella di affiancare i risparmiatori nelle scelte d'investimento per consentire loro di stare alla larga da prodotti finanziari rischiosi e/o molto poco convenienti e per aiutarli a salvaguardare i risparmi di una vita.

Ma veniamo al motivo scatenante che mi ha spinto a scrivere questo libro. Ti è mai capitato di assistere a un episodio in cui hai visto comportamenti poco etici, profondamente ingiusti e di desiderare fortemente di cambiare qualcosa?

A me è capitato tante volte. In molti casi mi sono sembrate cose più grandi di me, ma c'è stata un'occasione in particolare che mi ha talmente disgustato da portarmi a pensare che fosse arrivato il momento di dare il mio contributo, per quanto piccolo, affinché le persone cominciassero ad "aprire gli occhi".

Un giorno, un anziano signore di oltre ottant'anni mi ha chiesto di verificare i suoi investimenti. Mi ha presentato una stampa relativa ai titoli che aveva in portafoglio priva dei codici Isin, codici che servono a identificare le caratteristiche dei vari strumenti finanziari.

Sono riuscita ad analizzare solo una parte dei titoli che deteneva. Per alcuni la descrizione era talmente dettagliata da permettermi di trovare il codice di riferimento. Per altri, invece, mi erano indispensabili i codici identificativi, perciò ho chiesto all'anziano signore di recarsi in banca a richiederli.

Quando si è presentato allo sportello, l'impiegato gli ha risposto che non poteva fornirglieli perché era un'informazione riservata. Prego? L'Isin rappresenta il codice identificativo di un investimento per cui la banca avrebbe dovuto consegnare il prospetto informativo (che lo contiene) e risponde al cliente di non poterglielo comunicare? Ma stiamo scherzando? Per sua fortuna, era domenica e non potevo accompagnare il cliente in banca. Avrei proprio voluto vedere se dava anche a me la stessa risposta.

In seguito l'anziano signore, cercando meglio tra la documentazione, ha trovato il prospetto informativo di un bel

11

convertendo che, in quel momento, stava perdendo circa il 70% rispetto al valore iniziale. La prima cosa che pensai fu: ma non si vergognano di collocare un prodotto così rischioso ad una persona anziana?

Questo episodio mi ha reso ancora più consapevole di quanta necessità di cultura finanziaria ci sia e ho preso coscienza del fatto che posso fare qualcosa: istruire i risparmiatori per ridurre drasticamente il numero di investitori "disarmati".

Con questo libro intendo, da un lato, svelarti le cosiddette "tecniche di vendita" che spesso vengono utilizzate per indurti a sottoscrivere prodotti poco convenienti, dall'altro affrontare in modo semplice quei concetti necessari a farti prendere decisioni oculate in materia di investimenti finanziari più o meno complessi.

In sintesi quello che posso fare per te è fornirti gli strumenti per imparare a comprendere quali investimenti sono davvero convenienti e quali non lo sono affatto.

CAPITOLO 1:

6 segreti per limitare le perdite

Sarà già capitato anche a te di ricevere la telefonata solerte dell'impiegato di banca che ti avvisa che sul conto corrente disponi di una cifra elevata. Voglio farti una confidenza: la telefonata non ha lo scopo di farti un favore...

Da un lato, per la banca è conveniente che tu tenga il denaro sul conto corrente, perché, se ti dà un interesse, è davvero irrisorio. Dall'altro, però, il saldo di conto rappresenta un rischio, il rischio che da un giorno all'altro tu possa decidere di trasferire quel denaro in un'altra banca.

Allora meglio proporti un investimento che ti vincoli per un tempo sufficientemente lungo, indicativamente per i successivi 5-7 anni.

SEGRETO n. 1: la telefonata del consulente bancario non ha

lo scopo di farti un favore.

Quante volte ti è già capitato di ricevere quella telefonata? E fammi indovinare... quando sei arrivato in banca il tuo consulente, senza nemmeno ascoltare quali fossero le tue esigenze/aspettative, aveva già preparato una proposta "molto interessante" (bisogna capire per chi...).

E tu, senza leggere il prospetto informativo, in virtù della fiducia che la persona che segue i tuoi investimenti si è conquistata negli anni, hai firmato senza pensarci un solo giorno, senza cercare di capire, senza fare nessuna valutazione. Del resto perché rischiare di perdere una fantastica opportunità?

Immagino che l'investimento che ti è stato proposto si potesse sottoscrivere ancora per pochissimi giorni, salvo esaurimento delle scorte, come si legge per le offerte speciali...
Mica potevi rinunciare a quello che poteva essere il miglior investimento della tua vita! Ci ho azzeccato?

SEGRETO n. 2: ti dicono che la sottoscrizione è in fase di

chiusura per "convincerti" a firmare subito: è una tecnica di vendita.

Altra nota dolente… con molta probabilità hai anche dovuto aggiornare il questionario Mifid. Sono sicura che la consideri una scocciatura, un'incombenza di cui liberarti in cinque minuti.

Ma ti consiglio di non lasciare carta bianca all'operatore e di non firmare senza aver capito "cosa" stai firmando. Sei tu a dover decidere se e quanto vuoi rischiare: se non conosci un prodotto finanziario, dillo tranquillamente.

Conoscerlo significa essere in grado di valutarne i rischi. Se dichiari di conoscere uno strumento finanziario, ma in realtà non hai sufficienti competenze per valutarlo, la banca è autorizzata a proporti investimenti che non sei in grado di comprendere e che per te potrebbero risultare rischiosi o poco convenienti. Se non hai mai investito in alcuni prodotti, fai presente di non avere esperienza, non c'è niente di male. Se hai in mente di acquistare un immobile o non hai le idee chiare, sentiti libero di scegliere un orizzonte temporale breve.

15

Infine, ricordati che solo abituandoti a leggere prima di apporre le firme e ad apporle solo dopo aver capito ciò che ti chiedono di firmare potrai evitare di trovarti in situazioni spiacevoli. A questo punto facciamo qualche considerazione sulla compilazione della profilatura.

Se non conosci un prodotto finanziario, perché spesso ti chiedono di dichiarare che lo conosci? Se non hai mai investito in polizze assicurative, perché ti portano ad affermare che hai già investito in passato in questi strumenti finanziari? Se hai un orizzonte temporale breve, perché ti ritrovi con un orizzonte temporale medio? Se hai una bassissima propensione al rischio e ti viene il mal di pancia quando il valore dei tuoi investimenti diminuisce anche di un solo euro, come mai hai un profilo medio?

Ti sei mai posto queste domande? Se la risposta è positiva siamo sulla buona strada, altrimenti il cammino da fare è davvero lungo. Sfatiamo un luogo comune: il tuo consulente bancario non viene certo pagato dalla banca per fare i tuoi interessi. Ci siamo capiti? Diamo ora delle risposte a domande che, se stai leggendo questo libro, ti sarai posto almeno una volta.

La maggior parte dei prodotti collocati dalla banca richiede che tu abbia un profilo di rischio medio. Alcuni presuppongono che tu abbia anche una certa esperienza in materia di investimenti finanziari, in quanto strumenti di difficile comprensione. Altri ancora sono soggetti ad un'alta volatilità, perciò è necessario che tu possa portare a scadenza l'investimento per rientrare in possesso del tuo capitale, senza subire perdite.

Nel caso dei prodotti in sottoscrizione o di cui è collocatrice, la banca sarebbe tenuta a non proporti quell'operazione se non è adeguata al tuo profilo di rischio o, come recita *Il Testo Unico della Finanza*, "i doveri di diligenza, correttezza, trasparenza e di informazione impongono all'intermediario il dovere di proporre strumenti finanziari adeguati alle esigenze che il cliente abbia opportunamente manifestato". Ora hai capito perché spesso il profilo viene guidato verso l'alto?

I consulenti bancari sanno che durante l'anno dovranno collocare dei prodotti finanziari che richiedono un certo profilo di rischio, pertanto cercheranno di orientarti verso un profilo medio, che permetterà loro di collocarti i prodotti, utili al raggiungimento del budget, senza che le operazioni risultino "non adeguate". In questo modo, "scaricano" la responsabilità di quell'operazione.

Al prossimo questionario saprai come rispondere alle domande: in pratica non dovrai fare altro che dare delle risposte sincere su quelle che sono le tue reali conoscenze finanziarie, senza lasciare al consulente carta bianca. Questo, nella maggior parte dei casi, sarà sufficiente a limitare i danni.

SEGRETO n. 3: i profili di rischio vengono guidati verso l'alto: ricorda che sei tu a dover decidere quanto vuoi rischiare.

Attenzione però: quando ho usato, nei confronti della banca, il termine "sarebbe tenuta" non l'ho fatto a caso. A volte infatti accade che, anche se i prodotti in sottoscrizione non sono adeguati al profilo di rischio, vengano proposti comunque ai clienti, salvo poi fare ricorso ad una fantomatica "iniziativa del cliente" o, in casi estremi, modificando il questionario prima della sottoscrizione.

E così, come per incanto, il cliente, che soltanto qualche mese prima aveva scarse conoscenze finanziarie, diventa un mago della finanza.

Peccato che mago non è e che quel cambio di profilo serve al consulente per tutelare sé e la banca in caso di controversia. Perciò, se ti chiedono di rivedere il tuo profilo prima di farti sottoscrivere un investimento, fai attenzione. Allo stesso modo sii sospettoso se sul modulo di sottoscrizione compare la scritta "iniziativa del cliente" (quando iniziativa tua non è) oppure "non adeguata". Nel primo caso l'operatore, per risolvere il problema relativo all'adeguatezza dell'operazione, ha usato come escamotage quello di dichiarare che è stato il cliente a richiedere di effettuare quell'operazione. Nel secondo caso, invece, quell'operazione risulta non adeguata al tuo profilo di rischio, pertanto perché mai dovresti effettuarla, considerando che nella maggior parte dei casi non è nemmeno conveniente? Ricordati che fidarsi è bene e non fidarsi è meglio!

Ricapitolando, compro un prodotto che mi propone la banca, se l'operazione non è adeguata sono io a dichiarare di volerla a tutti i costi, ergo la banca non ha responsabilità. E, ciliegina sulla torta, per me non è nemmeno conveniente!

SEGRETO n. 4: fai attenzione alle diciture "iniziativa del cliente" e "non adeguata". Significa che quell'operazione non è in linea con il tuo profilo e che tu ti stai assumendo la responsabilità di quella scelta.

Ma ora torniamo all'appuntamento. Preso dalla fretta di firmare non hai considerato rischi, costi, vantaggi e svantaggi e ti sei fatto propinare un'altra volta il prodotto in sottoscrizione, ingrassando le tasche della banca e impoverendo le tue.

Eh sì, impoverendo, perché un prodotto che, dopo cinque anni, ti restituirà a malapena il capitale, non ti permetterà nemmeno di recuperare l'inflazione. Il risultato sarà che alla scadenza avrai sempre gli stessi soldi, ma il tuo potere d'acquisto sarà diminuito. Troppo spesso non ti fermi a fare questa considerazione.

La prossima volta che l'impiegato di banca, sempre gentile e disponibile, ti proporrà un bel prodotto a capitale garantito, rifletti prima di firmare senza pensarci nemmeno un attimo, quasi fosse l'occasione della tua vita.

Non precipitarti a sottoscriverlo senza nemmeno leggere di cosa si tratta, senza provare a capire, col terrore che si chiuda la sottoscrizione di quel meraviglioso prodotto e per te non rimanga la possibilità di farti propinare l'ennesimo specchietto per le allodole.

SEGRETO n. 5: leggi sempre le caratteristiche dell'investimento che ti propongono, con un occhio particolare ai costi.

Posto che, se non lo sapessi, è possibile trasferire i titoli in portafoglio e che ormai in quasi tutte le banche si tratta di un'operazione gratuita, valuta bene quello che ti stanno proponendo, soprattutto se si tratta di prodotti con penali di uscita anticipata.

Ovviamente i prodotti finanziari preferiti da banche e promotori sono quelli che riconoscono loro maggiori commissioni e, pertanto, risultano essere anche quelli meno convenienti per te, che le commissioni le devi pagare, te lo dicano o meno.

SEGRETO n. 6: verifica sempre quante e quali commissioni prevede il contratto, non è così difficile e nei prossimi capitoli ti insegnerò dove puoi trovare le informazioni che ti servono.

Dimenticati il concetto di banca che avevi vent'anni fa, quando tra banca e cliente si creava un rapporto di fiducia, quando entrando in agenzia si respirava un clima quasi familiare. Allora il tuo amico che lavorava ai titoli ti chiamava per farti prenotare le azioni a nome tuo, di tuo figlio, di tuo zio, della nonna e anche del cane per avere più possibilità di fartele assegnare.

Quando fui assunta in banca si respirava tutt'altro clima. I miei colleghi, quasi tutti residenti nel comune, avevano con la clientela un rapporto di confidenza, in qualche caso di amicizia. C'erano alcuni che avevano iniziato a lavorare in quell'agenzia e vi erano rimasti fino all'età della pensione.

Ma in vent'anni quante cose sono cambiate? Gli impiegati

vengono fatti girare come trottole, proprio per evitare che si crei quel rapporto di fiducia e stima reciproca che diventa un freno alla vendita di prodotti "discutibili". La diminuzione dei tassi di interesse, infatti, ha notevolmente ridotto i margini delle banche, che si sono dovute inventare nuovi espedienti con cui trarre profitto.

In sostanza è cambiato il modo di fare banca: c'è una diversa considerazione verso il cliente, la tendenza a vederlo come un limone da spremere.

RIEPILOGO DEL CAPITOLO 1:

- SEGRETO n. 1: la telefonata del consulente bancario non ha lo scopo di farti un favore.

- SEGRETO n. 2: ti dicono che la sottoscrizione è in fase di chiusura per "spingerti" a firmare subito: è una tecnica di vendita.

- SEGRETO n. 3: i profili di rischio vengono guidati verso l'alto: ricorda che sei tu a dover decidere quanto vuoi rischiare.

- SEGRETO n. 4: fai attenzione alle diciture "iniziativa del cliente" e "non adeguata". Significa che quell'operazione non è in linea con il tuo profilo e che tu ti stai assumendo la responsabilità di quella scelta.

- SEGRETO n. 5: leggi sempre le caratteristiche dell'investimento che ti propongono, con un occhio particolare ai costi.

- SEGRETO n. 6: verifica sempre quante e quali commissioni prevede il contratto, non è così difficile e nei prossimi capitoli ti insegnerò dove puoi trovare le informazioni che ti servono.

CAPITOLO 2:

Come investire Low Cost

Togliti dalla testa che gli istituti di credito siano enti benefici che operano nel tuo interesse e che il tuo consulente bancario sia lì per farti guadagnare. Ti svelo un segreto: banca e cliente hanno interessi contrapposti.

La banca trae il suo maggior profitto dall'intermediazione, ovvero usa i tuoi soldi per fare prestiti a chi ha bisogno di denaro. A te riconosce un tasso di interesse irrisorio, mentre si fa pagare profumatamente, con tassi altissimi, da chi prende in prestito il denaro.

Poiché la banca guadagna dalla differenza tra il tasso che si fa pagare e quello che riconosce alla clientela, cercherà di incassare molto e di sborsare il meno possibile.

SEGRETO n. 1: banche e clienti hanno interessi contrapposti,

più guadagna la banca meno guadagni tu.

Fino ad una quindicina di anni fa il differenziale fra i tassi era molto alto e sufficiente ad arricchire istituti di credito ed azionisti, ma, con l'erodersi di questa forbice, le banche si sono dovute inventare nuovi prodotti da cui trarre profitto.

Sono così nati i fondi comuni di investimento, le gestioni patrimoniali, le polizze unit e index linked e le obbligazioni strutturate. No amico mio, non sono brutte parole, solo termini tecnici per farti capire il meno possibile! L'invenzione di nuovi prodotti finanziari sembra essere diventata una moda di tutte le banche.

Ovviamente lo scopo non è quello di aumentare il tuo rendimento diminuendo il rischio, ma quello di incassare commissioni più alte che permettano alla banca di guadagnare di più con un minor numero di operazioni. Negli ultimi anni l'offerta di prodotti finanziari si è ampliata tantissimo, ma a discapito della qualità, diventata a mio avviso sempre più scarsa.

I prodotti strutturati, di difficile comprensione per il risparmiatore medio, hanno cominciato a trovare un campo di collocamento molto fertile a partire dal 2001.

Infatti, dopo il crollo del mercato azionario conseguente alla bolla speculativa del 2000 – si vedano i crack della Cirio, della Parmalat e dell'Argentina – ha cominciato a diffondersi tra i risparmiatori la paura di perdere totalmente il proprio denaro.

A quell'epoca le parole "capitale garantito" davano al cliente quel senso di tranquillità che tanto ricercava: finalmente avevano costruito dei prodotti che permettevano ai risparmiatori di partecipare alle *performances* di Borsa, proteggendo contemporaneamente il loro capitale da eventuali discese dei mercati. Ma non è tutto oro quello che luccica!

SEGRETO n. 2: i prodotti a capitale garantito sono stati inventati per arricchire le banche con commissioni di ingresso, di gestione e penali di uscita anticipata.

I meccanismi sottostanti a questa tipologia di investimento e soprattutto gli elevati costi fanno sì che, nella maggior parte dei casi, questi prodotti non daranno ai malcapitati altro che le cedole iniziali e la restituzione del capitale a scadenza. Se pensi che generalmente la scadenza è di cinque anni ed il rendimento minimo garantito irrisorio, non è difficile capire per chi sia l'affare.

Le formule alla base di questi investimenti sono talmente complesse da risultare ostiche anche agli addetti alla vendita. Se provi a chiedere come funzionano esattamente questi prodotti, nemmeno chi cerca di venderteli te lo saprà spiegare. Forse un laureato in ingegneria potrebbe capire esattamente quelle formule, ma se non sei ingegnere e nemmeno apprendista stregone stai alla larga da questi prodotti.

Se non sei in grado di capire come funziona un prodotto finanziario, come potrai valutarne rischi, vantaggi e svantaggi?

SEGRETO n. 3: investi in un prodotto finanziario solo se sei in grado di capire come funziona.

Il costo di un prodotto finanziario non è di per sé uno svantaggio: se fosse correlato alla bontà dell'investimento, non escluderei la possibilità di sottoscriverlo solo in considerazione del costo da sostenere. Il problema è che spesso paghi tanto per ottenere dei prodotti di scarsa qualità che, indipendentemente dalle *performances* dei mercati, eroderanno i tuoi risparmi con commissioni di sottoscrizione, di gestione, penali e chi più ne ha più ne metta.

SEGRETO n. 4: se hai sottoscritto un prodotto poco performante spesso è meglio venderlo subito piuttosto che aspettare la sua scadenza naturale, per evitare di perdere il tuo potere d'acquisto.

Se sei inesperto, cerca di scegliere investimenti semplici come le obbligazioni e i titoli di Stato, in cui sai esattamente quanto spendi per acquistare i titoli, quale interesse percepisci e quale sarà il rimborso alla scadenza.

Nota bene: per "scegliere un investimento" non intendo "andare in banca e farsi propinare le obbligazioni in sottoscrizione", ma analizzare cosa offre il mercato.

Ti faccio una confidenza: non esistono solo i prodotti della tua banca, ma migliaia di obbligazioni, che sono state emesse in precedenza e che potrai acquistare direttamente sul mercato, con un notevole risparmio di commissioni e con rendimenti solitamente più allettanti.

Acquistare obbligazioni già presenti sul mercato potrebbe farti risparmiare anche quattro punti percentuali. Questo vuol dire che potresti comprare obbligazioni già quotate, con le stesse caratteristiche, risparmiando circa quattrocento euro ogni diecimila euro di investimento.

SEGRETO n. 5: scegli investimenti semplici, preferibilmente già quotati, per risparmiare centinaia di euro di commissioni.

A questo punto ti chiederai: "Perché nessuno in banca me l'ha mai detto?" Pensi sul serio che i consulenti bancari abbiano la possibilità di suggerirti degli investimenti in modo oggettivo? Non sei un po' grande per credere alle favole? I consulenti bancari percepiscono il loro stipendio dall'istituto di credito per cui lavorano ed è il loro datore di lavoro a stabilire **cosa** devono vendere.

Per farla breve, il tuo consulente viene costantemente invitato a "consigliarti" i prodotti della banca. All'inizio dell'anno gli viene comunicato quali risultati dovrà raggiungere. Periodicamente gli vengono assegnati dei budget e, se sarà bravo a vendere fumo... ehm volevo dire prodotti, avrà come compenso un premio di produzione, una promozione, un cambio di mansione, o semplicemente minori pressioni commerciali.

Ecco svelato l'arcano mistero per cui nessuno in banca ti ha mai detto che, nella maggior parte dei casi, ti conviene acquistare delle obbligazioni già presenti sul mercato.

Facciamo un'ulteriore riflessione: le obbligazioni strutturate, le polizze e i fondi di investimento sono prodotti che rendono alle banche circa il 4% in termini di commissioni. Perché dunque i consulenti bancari dovrebbero consigliarti di comprare un'obbligazione già presente sul mercato, che renderebbe alla banca al massimo lo 0.50%? Sarebbe un notevole dispendio di tempo e di energia. Vorrebbe dire lavorare otto volte di più per incassare le stesse commissioni.

SEGRETO n. 6: il tuo consulente bancario viene stipendiato dalla banca e DEVE venderti i prodotti in collocamento, preferibilmente quelli con maggiori commissioni di ingresso.

I costi di sottoscrizione non li vedi: per diecimila euro di investimento, ne spenderai sempre diecimila e difficilmente il consulente bancario ti dirà che le stai pagando. Come fai allora a sapere se e quanto paghi per sottoscrivere un investimento?

La banca è obbligata a consegnarti il prospetto informativo. Alla voce "commissioni" troverai specificati i costi, che si rifletteranno sul prezzo di mercato non appena le obbligazioni verranno quotate.

Spesso, inoltre, a parità di prezzo di acquisto, le obbligazioni proposte dalla banca daranno un rendimento inferiore a quello che potresti avere valutando quelle già presenti sul mercato. Ricordati poi che la migliore regola da seguire per investire il tuo denaro è diversificare per asset class, ovvero classi di investimento intese come liquidità, obbligazioni, azioni ecc., emittente, scadenza, tasso, valuta e Paese.

Avrai certamente sentito parlare di "asset allocation", ovvero della distribuzione dei fondi disponibili tra i vari tipi di investimento.

L'asset allocation è la strategia con cui viene distribuito il patrimonio tra le diverse tipologie di attività finanziarie esistenti sul mercato, quali liquidità, azioni, obbligazioni, immobili ecc. Il concetto di asset allocation nasce dallo studio di Markowitz che dimostrò che la diversificazione del portafoglio migliora il profilo di rendimento e il rischio potenziale dell'investitore.

L'obiettivo è quello di ottenere una gestione ottimale delle risorse finanziarie del cliente, un equilibrio tra rendimento e rischio, tra esigenze e aspettative.

L'asset allocation è, in pratica, l'insieme delle scelte che portano alla costruzione di un portafoglio; direi che è la scelta strategica fondamentale, perché influenza più di qualsiasi altro elemento la stabilità e il rendimento del portafoglio stesso.

Non esiste una soluzione standard per individuare la corretta asset allocation: la combinazione di attività sulle quali andare ad investire va valutata caso per caso.

Sono due le variabili da prendere in considerazione: propensione al rischio e orizzonte temporale. L'aspetto più importante da valutare è la propensione al rischio, lavoro tutt'altro che semplice, sia perché non è facile misurarla, sia perché può cambiare nel tempo.

La propensione al rischio indica quanto un soggetto sia in grado di tollerare un'eventuale perdita di parte o tutto il proprio investimento iniziale, a fronte di una maggiore remunerazione.

Per orizzonte temporale si intende, invece, l'arco di tempo per il quale il risparmiatore è disposto a mantenere in essere i suoi investimenti al fine di raggiungere i suoi obiettivi finanziari.

Il profilo di rischio, insieme all'orizzonte temporale, determina in che percentuali distribuire le risorse disponibili.

Il concetto di asset allocation è strettamente collegato a quello di diversificazione: infatti gli investimenti vengono suddivisi tra beni diversi in relazione alle esigenze finanziarie e al grado di rischio che si vuole sopportare per ridurre le oscillazioni del proprio portafoglio (volatilità).

La diversificazione non dà la certezza matematica di non incorrere in perdite temporanee ma è una strategia, da adottare nel tempo, per costruire un portafoglio finanziario che rispetti lo specifico profilo di rischio e rendimento dell'investitore e, attraverso studi appropriati, renda minima la differenza tra le attese e i risultati effettivi.

La possibilità di una maggiore remunerazione è necessariamente legata ad un maggior grado di rischio, pertanto ad una maggiore incertezza. Ricorda bene quello che ti sto per dire: non esiste il portafoglio perfetto, come non esiste l'investimento perfetto. Ogni investimento possiede pregi e difetti.

Partendo da questo presupposto, nessuno strumento finanziario si presta ad essere l'unico su cui investire i propri risparmi. La parola d'ordine è dunque: diversificare!

Il che significa investire su un ventaglio piuttosto ampio di strumenti finanziari in modo da frammentare il rischio e dare stabilità al portafoglio. Il grado di diversificazione non dipende dal numero di investimenti presenti in portafoglio, ma dal fatto che gli strumenti finanziari non siano correlati tra loro.

Intendo dire che la diversificazione deve essere sì per emittente, ma anche per settore, valuta di riferimento, orizzonte temporale. Se compro Saipem e Tenaris, non ho diversificato!

A volte è difficile far capire all'investitore che il rendimento non è l'unica cosa da salvaguardare, che la maggiore attenzione deve essere dedicata a preservare il patrimonio messo da parte dopo anni di lavoro e sacrifici.

Spesso un investimento molto vantaggioso nasconde rischi che non sempre un piccolo risparmiatore è in grado di valutare. Tieni a mente che nessuno ti regala niente.

SEGRETO n. 7: diversifica i tuoi investimenti per asset class, ovvero classi di investimento intese come liquidità, obbligazioni, azioni ecc., emittente, scadenza, tasso, valuta e Paese.

Se un'obbligazione con la stessa scadenza ha un rendimento molto più alto di un'altra, il motivo è uno solo: il mercato valuta quell'investimento più rischioso.

Per renderti più chiaro il concetto, ti racconto un episodio accaduto quando lavoravo in banca come consulente. Un giorno, verificando le posizioni che gestivo, suonò un campanello d'allarme. Un mio cliente aveva in portafoglio obbligazioni Goldman Sachs e obbligazioni Lehman Brothers, stessa scadenza, stesso tasso di interesse. In quel momento c'era una grossa differenza di prezzo: Lehman Brothers quotava dieci punti in meno. Non ho perso nemmeno un attimo, ho chiamato il cliente e gli ho detto di presentarsi al più presto in agenzia. Al suo arrivo gli ho consigliato di vendere immediatamente le obbligazioni, spiegandogli che quella differenza di prezzo rappresentava un grosso rischio, vale a dire la possibilità di perdere tutti o gran parte dei suoi risparmi.

Ho trovato qualche resistenza. Del resto, fino ad allora, nessuna banca di quelle dimensioni era mai fallita. Ho cercato di fargli capire che i tempi erano cambiati e l'ho convinto a vendere.
Quindici giorni dopo Lehman Brothers, una delle più grosse banche d'affari americane, è fallita e molti risparmiatori hanno perso il loro denaro.

SEGRETO n. 8: ricordati che tra rischio e rendimento c'è sempre una relazione molto forte.

RIEPILOGO DEL CAPITOLO 2:

- SEGRETO n. 1: banche e clienti hanno interessi contrapposti, più guadagna la banca meno guadagni tu.

- SEGRETO n. 2: i prodotti a capitale garantito sono stati inventati per arricchire le banche con commissioni di ingresso, di gestione e penali di uscita anticipata.

- SEGRETO n. 3: investi in un prodotto finanziario solo se sei in grado di capire come funziona.

- SEGRETO n. 4: se hai sottoscritto un prodotto poco performante spesso è meglio venderlo subito piuttosto che aspettare la sua scadenza naturale, per evitare di perdere il tuo potere d'acquisto.

- SEGRETO n. 5: scegli investimenti semplici, preferibilmente già quotati, per risparmiare centinaia di euro di commissioni.

- SEGRETO n. 6: il tuo consulente bancario viene stipendiato dalla banca e DEVE venderti i prodotti in collocamento, preferibilmente quelli con maggiori commissioni di ingresso.

- SEGRETO n. 7: diversifica i tuoi investimenti per asset class, ovvero classi di investimento intese come liquidità, obbligazioni, azioni ecc., emittente, scadenza, tasso, valuta e Paese.

- SEGRETO n. 8: ricordati che tra rischio e rendimento c'è sempre una relazione molto forte.

CAPITOLO 3:

Obbligazioni: istruzioni per l'uso

Le obbligazioni rappresentano titoli di debito. Il possessore di un'obbligazione è creditore nei confronti della società emittente. Da questa affermazione puoi capire quanta importanza rivesta la scelta dell'emittente quando acquisti o sottoscrivi un'obbligazione.

L'emittente è, in sostanza, colui che deve restituirti il tuo denaro, quindi la sua **solvibilità** è fondamentale per non dire addio ai tuoi risparmi. Anche se con l'attuale crisi economica lascia un po' il tempo che trova, il **rating** può aiutarti a capire quanto una società è solvibile.

In generale la tripla A (AAA) rappresenta il massimo della solvibilità. Le più importanti agenzie di rating sono Standard & Poor's e Moody's.

I titoli vengono classificati da Standard & Poor's secondo il seguente schema:

AAA: elevata capacità di ripagare il debito.

AA: alta capacità di ripagare il debito.

A: solida capacità di ripagare il debito, che potrebbe essere influenzata da circostanze avverse.

BBB: adeguata capacità di rimborso, che però potrebbe peggiorare.

BB, B: debito prevalentemente speculativo.

CCC, CC: debito altamente speculativo.

Moody's utilizza invece i seguenti parametri:

Aaa: livello minimo di rischio.

Aa: debito di alta qualità.

A: debito di buona qualità ma soggetto a rischio futuro.

Baa: grado di protezione medio.

Ba: debito con un certo rischio speculativo.

B: debito con bassa probabilità di rimborso.

Caa, Ca: investimento ad alto rischio.

C: realistico pericolo di insolvenza.

In tempo di bail-in inoltre è doveroso un piccolo accenno alle categorie di obbligazioni, che possono essere:

- **Ordinarie,** dette anche Plain vanilla: presentano una struttura decisamente semplice, hanno caratteristiche prestabilite e non contemplano opzioni. Rappresentano la categoria più sicura, ma non sono esenti da rischi: infatti la garanzia di essere rimborsate per prime con la vendita del patrimonio della banca, in caso di default dell'emittente, non assicura che le risorse ricavate siano sufficienti a rimborsare l'intero importo delle obbligazioni in essere.

- **Subordinate,** che si dividono a loro volta in Junior (Tier 1), Upper Tier 2, Lower Tier 3 e 2. Le prime sono le più rischiose in assoluto, appartengono alla categoria dei bond perpetui richiamabili a partire dal decimo anno; oltre ad essere le più volatili, sono anche quelle che subiscono per prime eventuali problemi della banca, prevedendo anche l'obbligo da parte dell'emittente di cancellare il pagamento delle cedole, senza possibilità per l'investitore di recuperarle. Inoltre, il capitale da rimborsare potrebbe essere decurtato delle perdite realizzate qualora compromettessero la solidità patrimoniale dell'emittente.

Le Upper Tier 2, meno rischiose delle Perpetual, prevedono che l'emittente possa bloccare il pagamento delle cedole nel caso in cui i profitti siano insufficienti o qualora venisse sospeso il pagamento dei dividendi ai possessori di azioni ordinarie. Le cedole vengono cumulate, ovvero corrisposte, quando le condizioni che ne hanno determinato la sospensione vengono meno.

Le Lower Tier 2 sono quelle con il più basso livello di rischio della categoria. Il loro rimborso avverrà solo dopo che siano stati soddisfatti gli obbligazionisti senior, ma le cedole possono essere bloccate solo in caso di insolvenza.

SEGRETO n. 1: il rating e la "categoria di obbligazioni" sono elementi fondamentali nella scelta di un titolo obbligazionario.

E se il default ti sembra un'ipotesi remota ti voglio ricordare che il bail-in è legge e non solo sulla carta. In Italia si è già verificato il primo caso concreto: ti dice niente il nome "Banca Popolare dell'Etruria e del Lazio"? Forse tu non hai seguito le recenti vicende che l'hanno interessata, ma sicuramente sì le migliaia di piccoli risparmiatori che hanno perso i loro risparmi.

Tecnicamente il bail-in sarebbe dovuto entrare in vigore dal 2016, ma Banca d'Italia ha dichiarato che, in casi estremi, sarebbe stato possibile anticipare la data e, strano a dirsi, il caso estremo si è verificato.

Non so dirti con certezza se questo sarà un episodio isolato o il primo di una lunga serie, sta di fatto che le premesse non sono proprio rassicuranti. Questa storia dovrebbe rappresentare un monito per tutti i risparmiatori: è successo una volta, può succedere ancora, soprattutto se pensiamo che le banche italiane hanno accumulato sofferenze ed incagli per 200 miliardi di euro (Alberto Battaglia, 2016, *Sofferenze banche italiane "bomba a orologeria"* [consultato il 15/02/2017]).

E, dopo aver accumulato sofferenze da record, si accingono a far pagare ai risparmiatori le loro speculazioni azzardate.

Con il bail-in è stata, infatti, introdotta la compartecipazione in caso di dissesto da parte di correntisti e investitori per pagare parte del debito e quindi evitare il fallimento. Le nuove regole non consentiranno, d'ora in poi, il salvataggio di una banca senza un sacrificio significativo da parte dei suoi creditori.

Cosa vuol dire in parole povere? Che i tuoi risparmi non sono più al sicuro in caso di dissesto.

In pratica il bail-in prevede che chi investe in strumenti finanziari più rischiosi sostenga più degli altri eventuali perdite o la conversione in azioni, perciò, anche se non lo hai mai fatto prima, d'ora in poi presta molta attenzione agli investimenti che ti vengono proposti.

In caso di dissesto saranno chiamati a partecipare al salvataggio *in primis* gli azionisti della banca, poi i detentori di obbligazioni subordinate, proprio come quelle che sono state vendute ai risparmiatori della banca di cui ti ho parlato precedentemente.

Perciò, ora come non mai "un'obbligazione non vale l'altra". Fino a qualche anno fa, anche scegliere una banca piuttosto che un'altra faceva poca differenza.

È pensiero di molti il fatto che in Italia le banche hanno sempre fatto cartello: guarda caso all'aumento dei tassi e delle spese di una banca seguono tutte le altre.

Ad eccezione delle banche on-line che hanno sempre avuto costi più competitivi, anche per via delle strutture molto più leggere, tra una banca tradizionale ed un'altra le condizioni economiche non si discostavano più di tanto. Allora le molle che ci spingevano a scegliere una banca piuttosto che un'altra erano la vicinanza della filiale, il fatto di trovare parcheggio a qualsiasi ora, la simpatia del personale addetto all'apertura dei conti, il clima che si respirava in agenzia e la capacità del personale di entrare in empatia con il cliente.

Oggi i fatti di cronaca ci stanno dicendo che non è più così. Con l'approvazione del bail-in cambiano le regole e non si può più pensare di affidare i risparmi di una vita alla banca "sotto casa", perché tanto sono tutte uguali: oggi l'attenzione deve essere focalizzata su ben altri elementi.

Innanzitutto devi sapere che i tuoi soldi sono al sicuro se una banca è adeguatamente patrimonializzata.

Sai già come se la passa la tua banca? Hai già esaminato il suo "stato di salute"? Lo so che non sei un dottore e che stai pensando che tutto ciò sarà sicuramente molto complesso, non ti dico che sia una cosa facile, ma esistono degli indicatori della situazione di massima che ti possono far capire se restare o dartela a gambe levate.

Un indicatore importante da tenere in considerazione è il **Common Equity Tier 1 o Cet 1,** la misura del capitale primario rapportato agli impieghi a rischio dell'istituto. Per le grandi banche dev'essere al di sopra del 10%. Più questo indicatore è elevato, più dovrebbe essere solido l'istituto. Sotto l'8% è assolutamente a rischio.

Ma se l'esempio della Banca Popolare dell'Etruria e del Lazio non fosse stato sufficiente a farti comprendere la gravità della situazione, voglio ricordarti che a Cipro nel marzo del 2013 le banche furono chiuse per la paura di una fuga di capitali.

E subito i media si misero all'opera. Ci fu un'immediata e, allo stesso tempo, preoccupante propaganda per tranquillizzare i correntisti degli altri Stati periferici: Cipro sarebbe stato un caso isolato senza alcun rischio di contagio. Certamente! Ma qualcuno si chiedeva se sarebbe potuto toccare anche a noi.

Col senno di poi ci si rende conto che la domanda corretta in realtà sarebbe stata: tra quanto tempo toccherà a noi?

Le banche italiane si preparano a far pagare i propri debiti e gli affidamenti elargiti con generosità agli amici e agli amici degli amici, agli ignari correntisti, replicando il "Modello Cipro", che non è il nome di un abito di una sfilata ma quello di un meccanismo "comodo" che sta diventando la regola e che prende il nome di **bail-in**.

Quello di Cipro è stato un salvataggio shock: il prelievo forzoso imposto è stato pari al 9,90% sui depositi superiori a 100.000 euro e al 6,75% per i depositi inferiori.

In soldoni significa che, con 200.000 euro di saldo del conto, il contributo di ogni singolo correntista è stato pari a 16.650 euro: in effetti non sono proprio bruscolini.

Ormai è certo: a breve i risparmiatori italiani diventeranno tutti soci delle banche ma, come di consueto, con delle regole contrattuali un po' anomale: tutti parteciperanno alle perdite, ma dei profitti godranno solo le banche. E tu vuoi essere socio di eventuali perdite o salvaguardare il tuo patrimonio dal bail-in?

Se hai una liquidità sul conto corrente superiore a 100.000 euro, sappi che solo i primi 100.000 sono protetti dal fondo di garanzia dei depositi. Sugli importi eccedenti, in caso di dissesto dell'istituto di credito, c'è il rischio di dover contribuire al salvataggio della banca. *In primis* saranno chiamati a partecipare al salvataggio gli azionisti della banca, poi i detentori di titoli di debito subordinati, in seguito gli altri obbligazionisti; poi sarà la volta dei creditori chirografari e, infine, delle persone fisiche e delle piccole medie imprese titolari di depositi per un importo superiore ai 100.000 euro. Solo successivamente entrerà in gioco il fondo di garanzia dei depositi che contribuirà al bail-in al posto dei depositanti protetti.

Eh già, con l'approvazione del bail-in diventa fondamentale informarsi sulla solidità di un istituto prima di procedere all'apertura del conto corrente e capire bene a quali rischi sono soggetti gli investimenti che ti vengono proposti.

SEGRETO n. 2: oggi come non mai "una banca non vale l'altra". Verifica a che percentuale ammonta il Tier 1 o Cet 1 della tua banca e se fosse sotto l'8% dattela a gambe levate.

Un altro aspetto che non devi trascurare quando scegli un'obbligazione da acquistare è la **liquidità**, ovvero la facilità con cui puoi acquistare o vendere un titolo senza subire una variazione di prezzo.

Un alto volume di titoli scambiati ti permette di acquistare o vendere senza grosse difficoltà e soprattutto senza eccessive differenze di prezzo tra denaro (acquisto) e lettera (vendita).

Un titolo poco liquido, ovvero con pochi scambi, rappresenta un problema se devi liquidare l'investimento prima della scadenza.

Sotto questo aspetto ti sconsiglio vivamente le obbligazioni non quotate, in quanto lasciano alla banca la possibilità di determinare il prezzo di acquisto e di vendita, che ovviamente non sarà a tuo favore.

Decisamente da evitare sono le obbligazioni legate ad indici, titoli o parametri incomprensibili. Solitamente questi prodotti di ingegneria finanziaria prevedono un paio di cedole certe con un tasso interessante e, al verificarsi dell'evento, bonus altissimi se paragonati ai tassi di mercato. In pratica queste obbligazioni promettono rendimenti strepitosi se nevica rosso il mese di agosto e, nel contempo, c'è l'arcobaleno ad una temperatura di esattamente 23°.

Naturalmente si tratta di una metafora che ti fa capire chiaramente quante siano le possibilità che "l'evento" si verifichi. Sono come dire… "specchietti per le allodole".

La difficoltà per il cliente di comprenderne il meccanismo e la promessa di rendimenti molto allettanti da parte degli operatori permettono alle banche di continuare a collocare questi prodotti, che, se fossero di facile comprensione, non troverebbero nessun investitore disposto a sottoscriverli.

Con l'emissione di questa tipologia di obbligazioni la banca ha il duplice vantaggio di incassare commissioni elevate e finanziarsi a tassi davvero irrisori. E indovina chi paga le commissioni?

Ricapitolando, si tratta di obbligazioni poco liquide, ovvero poco scambiate sul mercato, che in caso di necessità ti sottoporrebbero ad una perdita quasi certa. Hanno costi elevati, scarsa trasparenza, rendimento incerto… e ti ostini a sottoscriverle! Perché?

SEGRETO n. 3: scegli sempre obbligazioni quotate che sono più liquide e maggiormente trasparenti. Verifica gli scambi giornalieri ed evita di sottoscrivere obbligazioni poco comprensibili.

Un minimo di cultura finanziaria ti consentirebbe di capire che un'obbligazione strutturata non è altro che un titolo zero coupon con un'opzione su un indice. Lo zero coupon serve a garantire il rimborso del capitale alla scadenza, mentre l'opzione non è altro che la scommessa a cui è legato il rendimento.

Sono certa che se acquistassi un titolo zero coupon e un Etf a caso faresti risultati migliori di quelli di un'obbligazione index linked. Infatti, il capitale a scadenza sarebbe comunque garantito dallo zero coupon, mentre, a differenza dell'opzione, difficilmente l'Etf arriverebbe ad azzerare il suo valore.

L'opzione in sostanza prevede che si vinca o si perda e, se perdi, non avrai **nessuna** remunerazione da quell'investimento. Inoltre, le commissioni decisamente inferiori aumenterebbero il tuo profitto indipendentemente dal risultato.

Nei primi tempi in cui mi occupavo di investimenti non riuscivo a capire come mai il mio collega più esperto non reputasse le obbligazioni strutturate un valido strumento. Io, consulente alle prime armi, le vedevo come una buona opportunità per proteggere il capitale da un lato e partecipare alle *performances* dei mercati dall'altro; insomma, un buon modo per mettere un po' di pepe nei portafogli di clienti estremamente prudenti, che non avrebbero accettato di prendersi il rischio di investire sul mercato azionario, nemmeno nei momenti in cui i rendimenti erano praticamente vicini allo zero.

Un giorno il collega mi svelò l'arcano mistero. Le opzioni che vengono acquistate non sono quelle che hanno la maggiore probabilità di realizzarsi, ma quelle che di probabilità ne hanno meno, perché hanno un costo decisamente inferiore, quindi permettono alle banche di incassare maggiori commissioni. Ecco perché non ci vuole un genio della finanza per fare risultati migliori!

A questo punto iniziamo un breve tour per assimilare qualche concetto base di finanza.

Le obbligazioni possono essere:

- con cedola, quando corrispondono periodicamente gli interessi maturati;

- zero coupon, quando prevedono un rimborso pari al capitale investito, maggiorato degli interessi;
- step up, con cedole crescenti;
- step down, con cedole decrescenti;
- reverse floater, con le prime cedole a tasso fisso e le successive ad un tasso variabile, solitamente inferiore a quello di mercato;
- convertibili, con cedole a tasso fisso o variabile, che prevedono la possibilità, alla scadenza o in date prestabilite, di conversione in azioni dello stesso emittente. È una possibilità che, se non esercitata, darà il diritto alla scadenza a farsi rimborsare il capitale;
- convertendo, con cedole a tasso fisso o variabile, che alla scadenza saranno **automaticamente** convertite in azioni.

Solitamente il tasso di interesse di queste obbligazioni è molto più basso rispetto ad un tasso fisso, poiché è collegato alla scommessa sul prezzo delle azioni della società emittente. Le obbligazioni convertibili non sono da confondersi con il convertendo, un'obbligazione che, alla scadenza, comporta in automatico la conversione in azioni: in questo caso non c'è per il risparmiatore la possibilità di scegliere se convertirlo o farselo rimborsare, quindi presta molta, molta attenzione. Il convertendo di un noto istituto di credito è arrivato a perdere oltre il 70% del valore nominale.

Non mi stancherò mai di scrivere: impara a leggere prima di firmare! Se non sei in grado di comprendere quello che ti chiedono di firmare, di sicuro non è un affare. Prendi tempo e fatti consigliare da chi ha le competenze per farlo.

SEGRETO n. 4: fai attenzione alla tipologia di obbligazione che sottoscrivi: come hai visto tra convertibile e convertendo c'è una bella differenza.

Ricapitolando, quando acquisti un'obbligazione devi prestare attenzione:

- al **rating**, ovvero alla solvibilità dell'emittente;
- alla **categoria** di obbligazioni (senior, subordinate);
- ai **volumi scambiati**, cioè alla quantità di titoli che vengono acquistati e venduti. Se un titolo non è abbastanza liquido ti potresti trovare nell'impossibilità di vendere qualora ne avessi la

necessità;

- alla **volatilità**, ovvero alla rapidità con cui il prezzo di un titolo varia nel tempo: minore sarà la volatilità e più sarà stabile il tuo portafoglio;

- alla presenza dell'**opzione call,** ovvero alla possibilità data all'emittente di rimborsare anticipatamente le obbligazioni.

Vediamo perché anche le "opzioni call" rappresentano uno svantaggio per il risparmiatore. Innanzitutto, se si acquista ad un prezzo più alto del valore nominale e si calcola di spalmare il sovrapprezzo per tutta la durata del titolo, non tenendo conto di un possibile rimborso anticipato, il rendimento effettivo sarà inferiore a quello ipotizzato.

Un'altra considerazione da fare è che, nel momento in cui avviene il rimborso anticipato di un'obbligazione, potresti non trovare sul mercato un titolo con lo stesso rendimento, se non ad un prezzo più alto di quello che ti hanno rimborsato.

SEGRETO n. 5: fai attenzione alla presenza di opzioni call, ovvero di rimborso anticipato, soprattutto se acquisti

l'obbligazione ad un prezzo superiore a quello di rimborso per evitare possibili perdite.

Facciamo ancora qualche altra considerazione. Le obbligazioni sono di fatto una fonte di finanziamento, possono essere emesse dalle banche, ma anche dalle società per finanziarsi nei momenti in cui le banche non concedono credito e per diversificare i creditori.

Le obbligazioni emesse dalle società vengono definite "Corporate". Tali obbligazioni hanno spesso tassi più vantaggiosi dei titoli di Stato, ma presentano un grado di rischio più elevato. Infatti il rendimento è fortemente legato al rischio.

Un'altra buona regola da seguire è quella di valutare ciò che offre il mercato, non fermandosi ai prodotti in collocamento, che presentano elevate commissioni di sottoscrizione.

Per farti capire quanto possano incidere le commissioni su un'obbligazione strutturata in collocamento, ti riporto il seguente esempio:

Emissione obbligazione tasso variabile (min. 2,75% max 5%)
4 nov 2010 – 4 nov 2017 Euribor 6 mesi – Cedola annuale: 2,75

Componente obbligazionaria	+89.705%
Componente derivativa implicita	+5.655%
Commissioni di collocamento	+4.11%
Oneri relativi alla gestione del rischio di mercato per il mantenimento delle condizioni di offerta	+0,53%
Prezzo di Emissione	**=100%**

Come puoi notare, le sole commissioni di collocamento superano il 4%. Infatti, alla data di quotazione sul mercato, i sottoscrittori avevano già realizzato una perdita di almeno 6 punti percentuali.

E che dire del grafico? Guarda tu stesso: più che quello di un'obbligazione sembra quello di un investimento azionario.

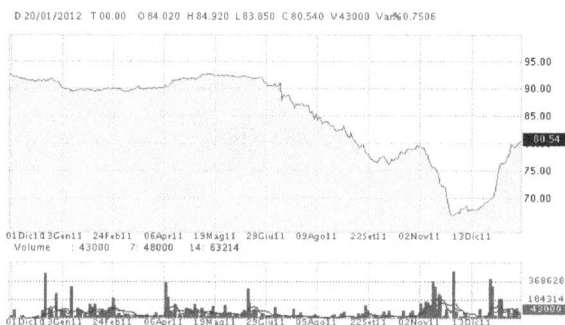

In un solo anno di quotazione l'obbligazione è riuscita a perdere il 32% del suo valore.

Certo, il 2011 è stato un anno difficile per i mercati e tanti altri titoli obbligazionari hanno sfiorato quotazioni preoccupanti, ma con una crisi mondiale in atto, vanno a fare una scommessa sul rialzo dei tassi? Perché non scommettere sulla sconfitta della fame nel mondo?!

SEGRETO n. 6: prediligi titoli già quotati e se decidi di investire in prodotti strutturati considera quante sono le probabilità che l'evento si verifichi per evitare di fare un buco nell'acqua.

L'ultimo consiglio che mi sento di darti è: prima di sottoscrivere un investimento leggi il prospetto informativo, che sappiamo essere scritto con caratteri minuscoli, per via del rispetto dell'ambiente…

In tale prospetto sono contenute tutte le informazioni necessarie affinché tu possa scegliere di investire in modo consapevole, senza trovarti brutte sorprese.

Benché quelle quaranta pagine che ti presentano non invitino certo alla lettura, devi imparare a verificare almeno gli elementi più importanti.

Gli aspetti che non puoi assolutamente trascurare di esaminare sono:

- chi è l'emittente;
- quali sono i rischi dell'operazione;
- quali sono i costi dell'investimento;
- da cosa è determinato il rendimento;
- quali sono le penalità in caso di riscatto anticipato.

Il prospetto informativo andrebbe consegnato all'investitore prima di fargli sottoscrivere un investimento. Il condizionale è d'obbligo: nella prassi comune viene rilasciato solamente dopo la firma, se viene rilasciato.

Ottenere il prospetto è un tuo diritto, perciò non avere timore di farne richiesta ogni volta che ti viene proposto un investimento.

Una volta ottenuta copia del documento, potrai portarlo a casa per leggerlo, esaminarne gli elementi più importanti e decidere se quell'investimento è effettivamente adatto alle tue esigenze.

Ovviamente, sempre per agevolare i risparmiatori, il prospetto informativo è scritto in un linguaggio tecnico poco comprensibile agli investitori che non hanno un elevato grado di cultura finanziaria.

Questo però non deve dissuaderti dall'esaminare la documentazione. Se non sei in grado di farlo da solo, chiedi aiuto ad un professionista.

Scommettiamo che, dopo aver letto il prospetto informativo, non sottoscriverai nemmeno la metà degli investimenti che ti vengono proposti?

SEGRETO n. 7: richiedi sempre il prospetto informativo prima di sottoscrivere qualsiasi investimento. Verifica l'emittente, i rischi, i costi, cosa determina il rendimento e le penalità di riscatto anticipato.

E dopo aver fatto tutta questa fatica per scegliere l'investimento adatto a te si pone un'ulteriore valutazione da fare: la fiscalità. Se consideri che in meno di due anni siamo passati da una tassazione delle rendite finanziarie del 12,5% ad una tassazione del 26% ti rendi subito conto da solo che, prima di veder diminuire drasticamente i tuoi profitti, sarebbe bene che tu facessi un'attenta valutazione della tua posizione fiscale.

Facciamo intanto chiarezza, per i non addetti ai lavori, sul significato dei termini plusvalenza e minusvalenza.

Il termine plusvalenza è utilizzato per indicare il guadagno risultante dalla vendita di un'attività ad un prezzo superiore a quello di acquisto. Una minusvalenza è invece la perdita risultante dalla vendita di un'attività ad un prezzo inferiore a quello di acquisto.

Le minusvalenze, ovvero le perdite subite, possono essere utilizzate entro quattro anni dal momento in cui sono state realizzate, mediante compensazione con i guadagni successivamente maturati. Passato questo termine non possono più essere utilizzate, perciò presta attenzione alla scadenza.

L'aspetto fiscale viene spesso trascurato dai consulenti bancari che, durante l'incontro con il cliente, sembrano avere come unico obiettivo quello di propinargli il prodotto in collocamento, ma anche dal cliente stesso, che spesso non ha le competenze per valutare quale scelta strategica sia la più conveniente.

Il primo suggerimento che posso darti è quello di chiedere alla tua banca di fornirti l'elenco delle minusvalenze relative al tuo codice fiscale, con le rispettive scadenze, per poterle tenere sotto controllo.

Nel caso in cui dovrai aprire un nuovo deposito titoli incorrerai nella scelta del regime fiscale. Cominciamo col dire che il regime fiscale può essere amministrato o dichiarativo.

Salvo espressa richiesta del cliente, viene utilizzato il regime amministrato, in cui la banca funge da sostituto d'imposta, ovvero si sostituisce al cliente nel versamento delle imposte relative ai titoli custoditi. Nel regime dichiarativo, invece, il cliente riceve tutti i proventi al lordo della tassazione fiscale e li dovrà indicare nella dichiarazione dei redditi.

Sicuramente il regime amministrato risulta di più semplice gestione, ma in alcuni casi è preferibile optare per il regime dichiarativo: per esempio se si hanno più banche e si vogliono compensare eventuali minusvalenze presenti su una banca con le plusvalenze realizzate presso un altro istituto.

Se invece intendi trasferire i titoli da una banca all'altra, ricordati di richiedere la certificazione delle minusvalenze. L'originale di tale certificazione andrà trasmesso alla nuova banca, che provvederà a caricare le minusvalenze sul tuo codice fiscale, in modo che tu le possa compensare con i guadagni che realizzerai in futuro. Devi sapere che non sempre viene rilasciata automaticamente.

Tieni bene a mente che, trascorsi quattro anni, le minusvalenze scadono. Perciò valuta in tempo se è il caso di compensarle, vendendo i titoli in portafoglio che hanno maturato delle *performances* positive.

Nel caso in cui tu debba invece vendere un titolo che ha maturato un importante guadagno, prima di effettuare l'operazione verifica se nel tuo portafoglio hai ancora dei "cadaveri", ovvero dei titoli con una *performance* fortemente negativa.

Lo so, ormai ti sei affezionato, sono dieci anni che hai quel titolo in portafoglio, ma non disperare, potrai sempre riacquistarlo il giorno dopo! L'operazione di vendita del titolo in perdita, effettuata prima di quella del titolo in guadagno, creerà una minusvalenza. Questa minusvalenza andrà ad abbattere l'imponibile della plusvalenza, con un risparmio fiscale che potrebbe essere non indifferente.

Ovviamente le valutazioni vanno fatte caso per caso, a volte può non essere conveniente per via delle commissioni bancarie, ma se si tratta di importi consistenti ne vale quasi sempre la pena.

SEGRETO n. 8: valuta attentamente la tua posizione fiscale. In assenza di minusvalenze prima di realizzare una plusvalenza, verifica se hai dei titoli che potresti vendere in perdita.

RIEPILOGO DEL CAPITOLO 3:

- SEGRETO n. 1: il rating e la "categoria di obbligazioni" sono elementi fondamentali nella scelta di un titolo obbligazionario.

- SEGRETO n. 2: oggi come non mai "una banca non vale l'altra". Verifica a che percentuale ammonta il Tier 1 o Cet 1 della tua banca e se fosse sotto l'8% dattela a gambe levate.

- SEGRETO n. 3: scegli sempre obbligazioni quotate che sono più liquide e maggiormente trasparenti. Verifica gli scambi giornalieri ed evita di sottoscrivere obbligazioni poco comprensibili.

- SEGRETO n. 4: fai attenzione alla tipologia di obbligazione che sottoscrivi: come hai visto tra convertibile e convertendo c'è una bella differenza.

- SEGRETO n. 5: fai attenzione alla presenza di "opzioni call", ovvero di rimborso anticipato, soprattutto se acquisti l'obbligazione ad un prezzo superiore a quello di rimborso per evitare possibili perdite.

- SEGRETO n. 6: prediligi titoli già quotati e se decidi di investire in prodotti strutturati considera quante sono le probabilità che l'evento si verifichi per evitare di fare un buco nell'acqua.

- SEGRETO n. 7: richiedi sempre il prospetto informativo prima di sottoscrivere qualsiasi investimento. Verifica l'emittente, i rischi, i costi, cosa determina il rendimento e le penalità di riscatto anticipato.

- SEGRETO n. 8: valuta attentamente la tua posizione fiscale. In assenza di minusvalenze prima di realizzare una plusvalenza, verifica se hai dei titoli che potresti vendere in perdita.

CAPITOLO 4:

Come diventare un investitore di successo

Il 2011 è stato un anno molto difficile per i mercati finanziari. Ha scalfito la fiducia e le certezze dei risparmiatori riguardo al sistema finanziario e ha messo in dubbio la capacità di banche e Stati di far fronte ai propri impegni.

Il mese di agosto è stato in assoluto il più difficile, con perdite disastrose sia in campo azionario sia obbligazionario. Abbiamo assistito al crollo degli indici azionari e dei prezzi delle obbligazioni.

I prezzi di alcuni titoli obbligazionari, anche bancari, sono diminuiti di oltre 30 punti percentuali e, poiché questa tipologia di investimento è sempre stata percepita come la più sicura, tra i possessori si è letteralmente seminato il panico.

Il 2011 ci ha visto inoltre come protagonisti tra i Paesi Piigs a rischio default, con l'Italia in recessione: in parole povere significa che il nostro Pil, ovvero il Prodotto interno lordo, non stava crescendo.

I sintomi di una recessione c'erano tutti: diminuzione del tasso di crescita della produzione, aumento della disoccupazione, riduzione del tasso di interesse.

SEGRETO n. 1: la crisi finanziaria del 2011 ha messo in dubbio la capacità di banche e Stati di far fronte ai propri impegni.

Cerco di farti capire meglio cosa significa la parola default: in pratica il Paese dichiara di non essere in grado di ripagare i debiti e non li riconosce più, come è avvenuto in Argentina.

In questo caso i creditori sono obbligati ad incassare la perdita, anche se ovviamente il Paese che non ripaga i propri debiti si preclude per il futuro la possibilità di finanziarsi a livello internazionale. Un Paese che dichiara default e reintroduce la propria moneta deve nazionalizzare le banche e bloccare l'uscita di capitali.

L'Italia è un tipico esempio di "too big to fail" e "too big to be rescued": in pratica siamo troppo grandi per fallire e troppo grandi per essere salvati. Questo significa che, per uscire dalla crisi, devono essere attuate delle misure che da un lato incrementino le entrate e dall'altro facciano diminuire la spesa pubblica.

In termini economici si parla di un avanzo di bilancio quando le entrate sono superiori alle uscite e di disavanzo quando, al contrario, le uscite superano le entrate.

Quando per lunghi periodi si crea un disavanzo di bilancio, lo Stato è costretto ad indebitarsi per far fronte alle spese, richiedendo il denaro in prestito ai cittadini o ad altri Stati. Questo denaro lo ottiene emettendo titoli di Stato, quali Bot, Cct, Btp.

Quando uno Stato è considerato a rischio deve pagare "un premio" a chi sottoscrive le sue obbligazioni.

Infatti gli investitori saranno pronti a prendersi un maggior rischio solo a fronte di una maggiore remunerazione. Questo significa che lo Stato deve riconoscere interessi molto alti per farsi finanziare: ad un maggiore esborso corrisponde una minore possibilità di ridurre il debito pubblico.

Il famoso "spread" di cui tanto hai sentito parlare non è altro che il differenziale che l'Italia deve pagare rispetto alla Germania per far sottoscrivere le proprie obbligazioni. Facendo un esempio pratico, quando lo spread è arrivato a 500 punti base a fronte di un rendimento del 2% dei Bund tedeschi, i nostri Btp rendevano il 7%. Capisci da solo che tra pagare il 2% e pagare il 7% c'è una bella differenza.

SEGRETO n. 2: quando uno Stato è considerato a rischio deve pagare "un premio" a chi sottoscrive le sue obbligazioni.

Ma da cosa dipende lo spread? Lo spread in sostanza rispecchia la fiducia dei risparmiatori rispetto alla solvibilità dell'emittente, ma dipende anche dalla domanda e dall'offerta degli stessi titoli.

Nel novembre del 2011 lo spread ha toccato il picco massimo: 574 punti. A partire da quello stesso anno abbiamo assistito ad un rallentamento della crescita delle economie emergenti (a cui ha contribuito la diminuzione dei prezzi delle materie prime) e ad una accelerazione della crescita delle economie avanzate che ha visto come protagonisti Usa e Uk in cui i mercati finanziari hanno giocato un ruolo fondamentale.

Nel 2011-2012 Wall Street, grazie anche all'iniezione di liquidità da parte della Federal Reserve, ha fatto registrare un nuovo boom. In Europa, invece, la ripresa dei mercati finanziari è iniziata solo dopo l'estate del 2012 grazie alla dichiarazione rilasciata da Mario Draghi ad una conferenza di investitori a Londra: "la Bce è pronta a prendere tutte le misure necessarie per salvare l'euro e, credetemi, basterà", disse.

L'importante iniezione di liquidità attuata dalla Bce (conosciuta con il nome di "quantitative easing") e i tagli al costo del denaro hanno contribuito in modo significativo a riportare lo spread ad un valore accettabile, ma non sono stati sufficienti a contenere la volatilità dei mercati finanziari.

Già nel 2014 ci chiedevamo se il pericolo fosse ormai scampato, ma cerchiamo di fare un'analisi e di capire cosa sta succedendo e cosa ci aspetta per il futuro.

L'andamento dei mercati finanziari del 2015 è stato caratterizzato da forti turbolenze, a cui hanno fortemente contribuito il brusco crollo del prezzo del petrolio, i subbugli e il quadro politico greco, nonché i dati industriali di Germania, Francia e Cina.

Ma il 2016 non è stato da meno con il rallentamento della Cina, il mercato delle materie prime al collasso, gli elevati rischi geopolitici e l'introduzione in Europa del bail-in.

Tirando le somme, questo particolare momento storico è caratterizzato da un'enorme incertezza sui mercati finanziari, da rendimenti irrisori sul comparto obbligazionario a fronte di rischi molto più elevati di qualche anno fa, che spaventano soprattutto i piccoli investitori.

Oggi più di ieri le preoccupazioni che maggiormente attanagliano gli investitori sono il rischio default e il rischio bail-in. Ma vorrei attirare la tua attenzione su un terzo fattore di rischio: il rischio

Paese, oggi molto sottovalutato.

SEGRETO n. 3: questo particolare momento storico è caratterizzato da un'enorme incertezza sui mercati finanziari. Esistono tre principali fattori di rischio: il rischio default, il rischio bail-in e il rischio Paese.

Quando ti ho parlato di diversificazione ho cercato di farti capire che è importante diversificare non solo tra azioni e obbligazioni, ma anche per valuta, tasso, scadenza e ultimo, non per importanza, Paese.

Spesso la diversificazione è solo apparente: molti portafogli hanno una sovraesposizione sull'Italia e se pensi di avere investimenti tranquilli perché hai solo obbligazioni e titoli di Stato… proprio così tranquillo non dovresti essere.

Non devi credermi sulla parola, ecco a te qualche spunto su cui riflettere:

1. A gennaio, secondo i dati della Banca d'Italia, il debito

delle Amministrazioni pubbliche è aumentato di 32,7 miliardi, raggiungendo 2.250,4 miliardi; (Ansa, 2017, *Bankitalia, debito gennaio 2250 miliardi* [consultato il 30/03/2017]).

2.   Secondo i calcoli Istat a fine 2015 il debito pubblico è arrivato al 132,6% del Pil; (Istat, 2016, *Notifica dell'indebitamento netto e del debito delle amministrazioni pubbliche secondo il trattato di Maastricht* [consultato il 30/03/2017]).

3.   Dal 2008 il Pil italiano ha perso il 10%, l'Eurozona è ferma e gli Usa sono cresciuti del 10% (Lops Vito, 2016, *Perché dal 2008 il Pil dell'Italia ha perso il 10%, l'Eurozona è ferma e gli Usa sono cresciuti del 10%* [consultato il 30/03/2017]).

4.   Dal primo gennaio 2013 i titoli di Stato di nuova emissione con scadenza superiore ad un anno sono soggetti alle Cac (Clausole di azione collettiva): queste clausole in pratica consentono allo Stato in grave crisi di modificare unilateralmente le condizioni contrattuali dei bond statali, proprio come è successo alla vicina Grecia.

5.   E non è finita qui. Se in un'ottica di diversificazione hai pensato di essere maggiormente tutelato dai prodotti assicurativi, ti rendo noto che i maggiori detentori di titoli di Stato sono

proprio banche e assicurazioni.

A mio parere sono motivi più che sufficienti per non considerare unicamente l'Italia per i tuoi investimenti finanziari e non.

SEGRETO n. 4: spesso la diversificazione è solo apparente: se pensi di avere investimenti tranquilli perché hai solo obbligazioni e titoli di Stato... proprio così tranquillo non dovresti essere.

"In che senso finanziari e non?" ti starai chiedendo. L'instabilità dei mercati finanziari, il rendimento prossimo allo zero dei titoli obbligazionari e la richiesta da parte dei clienti di alternative mi hanno spinto a cercare soluzioni che, da un lato, garantissero un rendimento adeguato e, dall'altro, proteggessero il capitale dalla volatilità dei mercati finanziari.

Il mio ruolo di consulente indipendente in Pianificazione finanziaria implica la ricerca di forme di investimento, anche diverse dagli strumenti finanziari.

Alla fine è sempre il cliente a decidere come investire il proprio denaro; mio è il compito di assisterlo nel comprendere le proposte di investimento, mettendo in luce pregi e difetti, rischi e opportunità.

Tra le miriadi di proposte che arrivano via social, via email o per passaparola, due tipologie di contratti molto simili tra loro hanno attirato la mia attenzione: il contratto di associazione in partecipazione e quello di cointeressenza impropria.

Wikipedia definisce l'associazione in partecipazione come uno dei contratti tipici nel quale una parte (l'associante) attribuisce ad un'altra (l'associato) il diritto ad una partecipazione agli utili della propria impresa o, in base alla volontà delle parti contraenti, di uno o più affari determinati, dietro il corrispettivo di un apporto da parte dell'associato. L'associazione in partecipazione è disciplinata dall'articolo 2549 e seguenti del *Codice civile italiano*.

L'associante deve essere necessariamente un imprenditore che, grazie all'apporto dell'associato, realizzerà determinate operazioni. I risultati positivi, meglio conosciuti come utili, saranno divisi con quest'ultimo. In mancanza di diversa pattuizione, l'associato partecipa anche alle eventuali perdite.

Associante e associato possono pattuire che l'associato partecipi solo agli utili e non alle perdite, come previsto dall'art. 2554 del *Codice civile*, che delinea il contratto di cointeressenza impropria. Sia il contratto di associazione in partecipazione sia quello di cointeressenza sono strumenti di finanziamento dell'impresa.

In sostanza si tratta di apportare capitale ad un'impresa:

- per sostenerne la crescita;
- per partecipare ad uno specifico affare;
- che si trova in fase di start up.

È l'ideale quando occorrono risorse finanziarie per avviare o sviluppare un'attività ma non si desiderano "intromissioni" nella gestione aziendale.

Inoltre rispetto a un prestito tradizionale, l'associazione in partecipazione può comportare minori rischi per l'associante in quanto il più delle volte il costo è strettamente collegato all'utile, pertanto in caso di perdite non dovrà pagare alcun compenso all'associato. Il contratto di cointeressenza può essere considerato come una variante dell'associazione in partecipazione: infatti sono applicabili le stesse norme in tema di diritti ed obbligazioni dei terzi, diritti dell'associante e dell'associato.

L'associante:

1) rimane titolare esclusivo della sua impresa ed è l'unico soggetto responsabile delle obbligazioni assunte;

2) è obbligato a dirigere la sua impresa secondo i principi della buona fede e ad adempiere ai propri doveri con diligenza;

3) non deve porre in essere azioni che possano mutare il rischio valutato dall'associato all'atto della stipula del contratto;

4) può attribuire altre partecipazioni;

5) deve avviare l'impresa, se questa non esiste, investendo l'apporto dell'associato;

6) ha l'obbligo di fornire all'associato il rendiconto annuale.

Il *Codice civile* prevede espressamente che l'associato, a fronte del proprio apporto, partecipi agli utili dell'impresa dell'associante: tale partecipazione può riguardare uno o più affari.

Normalmente la partecipazione agli utili da parte dell'associato è espressa in percentuale. A titolo di esempio, ipotizziamo che all'associato spetti il 10% degli utili netti e che l'utile risulti 50.000,00 euro. Utile spettante all'associato: 50.000,00 x 10% = 5.000,00 euro.

Tuttavia, nulla vieta alle parti di concordare in contratto una diversa modalità di attribuzione dell'utile.

A titolo di esempio potrebbero pattuire:

• una somma fissa ed una percentuale degli utili netti;

• una percentuale di partecipazione agli utili con l'indicazione di un tetto massimo.

In parole povere, nel contratto di associazione in partecipazione, o di cointeressenza impropria, vengono definiti i termini dell'accordo, ovvero l'ammontare dell'apporto di capitale, i termini della restituzione, la percentuale di partecipazione agli utili ecc.

Viene utilizzato come strumento di finanziamento da parte di aziende operanti in diversi settori. Esaminiamo il caso del suo utilizzo nel settore immobiliare che è conosciuto da tutti ed è anche quello più semplice da prendere ad esempio. Come funziona?

Una società acquista un immobile, lo ristruttura e lo rivende ad un prezzo superiore a quello di acquisto.

Per capire preventivamente a quanto ammonterà la marginalità dell'operazione viene redatto un business plan, nel quale vengono indicati tutti i costi da sostenere e le entrate previste e da cui scaturisce il Roi (Return on investment), ovvero il ritorno in termini percentuali sull'investimento.

Se decidi di finanziare l'operazione apporterai il tuo capitale e, una volta che l'immobile sarà alienato, riceverai la restituzione del tuo capitale e l'utile di tua competenza al lordo delle imposte.

Solitamente i ritorni economici in questa tipologia di contratti sono molto allettanti, ma quali sono i rischi a cui potresti andare incontro?

Analizziamoli:

1) L'utile potrebbe essere inferiore a quello previsto.

2) Se si tratta di un'operazione immobiliare, la vendita potrebbe non perfezionarsi nell'arco temporale prospettato e pertanto potresti non rientrare del tuo capitale nei tempi previsti.

3) C'è l'ipotesi, in alcuni casi remota, che l'azienda fallisca/sparisca e tu possa perdere il tuo capitale, come in un qualsiasi altro investimento, visto che oggi di "sicuro al 100%" non c'è nemmeno il conto corrente.

Questo è il motivo per il quale la scelta dell'opportunità, della società associante e la conoscenza di quali siano le tutele dell'associato rivestono un'importanza enorme.

Quali sono gli aspetti da valutare per capire se si tratta di una buona opportunità?

1)   La nicchia di mercato in cui la società opera ha elevate potenzialità di crescita?

2)   Quali sono le tutele per l'associato?

3)   A quanto ammonta il Roi (Return on investment) ovvero il ritorno in termini percentuali sull'investimento?

4)   La società è indebitata? Per quale importo? Sto sostenendo la crescita o ripagando i debiti?

5)   Cosa mi dice il bilancio degli ultimi tre anni?

6)   Quale reputazione ha l'associante?

7)   Quali sono i fattori di rischio dell'operazione che vado a finanziare?

8)   Quali sono gli asset della società?

9)   Con quali tempistiche e a quali condizioni ho la possibilità di farmi restituire l'apporto?

10)   In che valuta viene effettuato l'apporto?

Ora passiamo ai vantaggi:

1)   La quota minima di partecipazione è solitamente alla portata dei piccoli risparmiatori, che non si potrebbero certo permettere di finanziare l'intera operazione.

2)   Non si diventa soci, ma associati, perciò non si partecipa alla gestione che viene demandata all'associante: non sono quindi necessarie competenze specifiche.

3)   I ritorni economici sono solitamente a due cifre.

4)   La durata delle operazioni è relativamente breve.

5)   Poter partecipare con somme minime molto contenute ti dà la possibilità di una maggiore diversificazione, per settore, Paese, valuta e società da finanziare.

6)   L'unico costo da sostenere è l'imposta sulla plusvalenza incassata, che viene erogata al lordo delle imposte.

7)   Nella maggior parte dei contratti si partecipa agli utili ma non alle perdite.

8)   È possibile investire anche piccoli importi in nicchie di mercato molto profittevoli e riservate solo a pochi.

9)   L'utile può essere capitalizzato.

10)   Ti consente di partecipare agli utili societari senza essere

soggetto alla volatilità dei mercati finanziari.

SEGRETO n. 5: Valutati rischi e vantaggi, il contratto di associazione in partecipazione e quello di cointeressenza impropria risultano essere oggi tra i sistemi più profittevoli per investire il proprio denaro.

RIEPILOGO DEL CAPITOLO 4:

- SEGRETO n. 1: la crisi finanziaria del 2011 ha messo in dubbio la capacità di banche e Stati di far fronte ai propri impegni.

- SEGRETO n. 2: quando uno Stato è considerato a rischio deve pagare "un premio" a chi sottoscrive le sue obbligazioni.

- SEGRETO n. 3: questo particolare momento storico è caratterizzato da un'enorme incertezza sui mercati finanziari. Esistono tre principali fattori di rischio: il rischio default, il rischio bail-in e il rischio Paese.

- SEGRETO n. 4: spesso la diversificazione è solo apparente: se pensi di avere investimenti tranquilli perché hai solo obbligazioni e titoli di Stato... proprio così tranquillo non dovresti essere.

- SEGRETO n. 5: valutati rischi e vantaggi, il contratto di associazione in partecipazione e quello di cointeressenza impropria risultano essere oggi tra i sistemi più profittevoli per investire il proprio denaro.

CAPITOLO 5:

Traduzione del "banchese"

Se quando senti parlare di "arbitraggio" pensi a una partita di calcio, se la parola "call" ti fa pensare a una telefonata, se quando i tuoi colleghi discutono di una "scalata" ti viene in mente la montagna, è proprio il caso di leggere con attenzione questo capitolo per imparare a decifrare il linguaggio delle banche.

Non voglio correre il rischio di annoiarti con un lungo elenco di termini in "banchese", così ho pensato di spiegarteli in modo semplice e con la giusta dose di ironia. Se riesco a farti sorridere con i miei giochi di parole strampalati sono sicura che ne ricorderai il significato.

Nei capitoli precedenti abbiamo parlato di "obbligazioni" e senz'altro ti sarà capitato di sentire il termine **"alla pari"**: non si tratta di un soggiorno alla pari per tuo figlio, ma è un termine utilizzato per indicare che il prezzo di mercato di un'obbligazione è equivalente al suo valore nominale.

Probabilmente in banca ti hanno già proposto un "**arbitraggio**" e hai subito pensato a una partita di calcio: in realtà intendevano la compravendita simultanea di titoli collegati per trarre vantaggio da una differenza di prezzi.

Se hai studiato inglese saprai certamente che la traduzione di "**ask**" è "chiedere": invece nel linguaggio finanziario s'intende il prezzo (lettera) al quale un investitore è disposto a vendere.

Il Nobel per l'economia Harry Markowitz ha sintetizzato perfettamente il concetto di "**asset allocation**" nell'aforisma "non mettere tutte le uova nello stesso paniere": con questo termine, infatti, si indica la distribuzione del patrimonio fra le varie attività di investimento.

Quando l'impiegato di banca parla di "**bear**" a qualcuno potrebbe venire in mente l'orsacchiotto Teddy, ma invece lui si riferisce all'andamento negativo delle quotazioni in Borsa.

La seconda lettera dell'alfabeto greco è la **"beta"**: in ambito finanziario misura la volatilità del prezzo di un titolo rispetto a quella dell'intero mercato.

"Ogni cosa vale il prezzo che il compratore è disposto a pagare per averla" (Publilio Siro). Questa citazione mi fa ricordare un'altra parolina misteriosa del gergo finanziario: **"bid"** è il prezzo (denaro) al quale un investitore è disposto a comprare.

E la parola **"bull"**? Non è un termine dialettale per indicare un bullo, ma indica l'andamento positivo delle quotazioni in Borsa.

Il termine **"call"**, tradotto letteralmente, significa "chiamata", in finanza invece indica la facoltà dell'emittente di rimborsare anticipatamente un'obbligazione.

La traduzione di "gain" è "guadagno", quindi il **"capital gain"** non è altro che il guadagno dato dalla differenza tra prezzo di vendita e prezzo di acquisto di un titolo.

Ora ti starai chiedendo: "Perché, se siamo in Italia, dobbiamo utilizzare tutti questi termini inglesi?". Noi italiani siamo un po' esterofili ma ora puoi tirare un sospiro di sollievo: il prossimo termine è "**cedola**". Forse ne conosci già il significato: si tratta dell'interesse corrisposto dall'obbligazione secondo modalità prestabilite.

Ed ecco un altro termine italiano. Quando sentiamo la parola "**corso**" ci viene in mente una via, ma in gergo finanziario ci si riferisce al prezzo di negoziazione di un titolo. Il "**corso secco**" potrebbe far pensare a un corso d'acqua che si è asciugato, ma in "banchese" è il valore di un titolo obbligazionario, senza il rateo di interesse o il dividendo maturato. Ed ecco di nuovo un'espressione che potrebbe sembrare dialettale, "**corso tel quel**": in realtà indica il valore di un titolo obbligazionario, comprensivo del rateo di interesse o del dividendo maturato.

Wikipedia definisce il "**credit default swap**" come uno swap che ha la funzione di trasferire il rischio di credito. In sostanza è un contratto di assicurazione che prevede il pagamento di un premio periodico a fronte di una copertura nel caso di fallimento di un'azienda di riferimento.

Sempre in materia di obbligazioni, l'espressione **"disaggio di emissione"** indica che il valore di rimborso del titolo a scadenza risulta essere superiore rispetto al prezzo di collocamento, pertanto influenza positivamente il rendimento.

Anche se non sei un esperto di finanza, avrai certamente sentito parlare al telegiornale di **"downgrade"**: con questo termine ci si riferisce al peggioramento del giudizio di una banca d'affari nei confronti di un titolo.

Abbastanza intuitivo è invece il significato del termine **"duration"**: indica la durata finanziaria residua media di un titolo. Misura la volatilità del prezzo di un'obbligazione a tasso fisso al variare del tasso di interesse. Tanto più basso è il valore, tanto meno il prezzo subirà oscillazioni.

Leggendo il prospetto informativo di un'obbligazione potresti leggere la clausola **"floor"**: significa che, pur trattandosi di un investimento a tasso variabile, ti viene garantito un rendimento minimo.

Sempre in tema di obbligazioni potresti sentir parlare di **"inflation linked"** o di **"index linked"**: nel primo caso il rendimento è legato all'inflazione, mentre nel secondo all'andamento di uno o più indici azionari.

Nei capitoli precedenti abbiamo visto come rischio e rendimento siano strettamente legati. Per confrontare tra loro investimenti con rischi e rendimenti diversi viene utilizzato l'**"indice di sharpe"** che consente di dare un prezzo al rischio: maggiore è il suo valore e migliore sarà il risultato per l'investitore.

Se hai letto con attenzione il capitolo sulle obbligazioni dovresti ricordare qualcosa come **"investment grade"**: è un'espressione utilizzata dalle agenzie di rating per indicare l'alta qualità di un investimento obbligazionario, perciò tienilo bene a mente.

Innumerevoli sono le vittime dei disastri provocati dall'utilizzo della **"leva finanziaria"**. Sfruttare la leva finanziaria vuol dire prendere in prestito dei capitali confidando nella propria capacità di investirli ottenendo un rendimento maggiore del tasso di interesse richiesto dal prestatore. Un alto leveraggio e un momento di mercato sfavorevole possono portare in un attimo a perdite disastrose.

E **"long position"**? Si utilizza per indicare che un investitore prende una posizione lunga su un determinato titolo quando lo acquista in previsione di un rialzo del prezzo.

Nel trading riveste un ruolo di fondamentale importanza la figura del "**market maker**" ovvero dell'intermediario finanziario che assicura liquidità al mercato.

Facendo un passo indietro, a proposito di perdite disastrose, il termine **"minusvalenza"** indica la perdita risultante dalla vendita di un'attività a un prezzo inferiore a quello di acquisto.

Ormai la prima parola non dovrebbe avere più segreti per te. Le **"obbligazioni step down"** e le **"obbligazioni step up"** sono due particolari tipologie di obbligazioni a tasso fisso. Il tasso fisso previsto è diverso per ogni cedola ed è decrescente per le prime e crescente per le seconde. Nelle **"obbligazioni zero coupon"**, invece, il rendimento è calcolato come differenza tra la somma che il sottoscrittore riceve alla scadenza e la somma versata al momento dell'acquisto/sottoscrizione.

"I mercati possono restare irrazionali molto più a lungo di quanto tu possa restare solvente": questa citazione di John Maynard Keynes non va dimenticata quando si definisce il proprio **"orizzonte temporale"**, ovvero l'arco di tempo nel quale si valuta la bontà di un investimento.

Più è elevata la **"plusvalenza"**, ovvero il guadagno risultante dalla vendita di un'attività a un prezzo superiore a quello di acquisto, più puoi essere certo di aver investito bene il tuo denaro.

E che dire del **"rating"**? È un metodo utilizzato per classificare sia i titoli obbligazionari sia le imprese in base al loro rischio. È molto importante tenerne conto nella scelta di un titolo obbligazionario.

Reverse si traduce come "inverso": infatti, nelle obbligazioni **"reverse floater"** la cedola aumenta quando il tasso di interesse di riferimento diminuisce.

Con il termine **"sentiment"** siamo lontani da qualsiasi forma di sentimentalismo romantico. Abbiamo a che fare con qualcosa di molto più pratico: non è altro che la condizione emotiva degli investitori, che influenza l'andamento dei prezzi e dei volumi delle contrattazioni.

"Se una bella mattina un numero sufficiente di investitori si sveglia credendo nel potenziale di una determinata azione, essa salirà per quell'unica ragione, a dispetto dei suoi fondamentali" (John Allen Paulos).

Ormai di uso comune, il termine **"spread"** sta ad indicare il differenziale tra il tasso di rendimento di un'obbligazione e quello di un altro titolo preso a riferimento (benchmark).

"Non è tanto importante comprare al prezzo più basso possibile quanto comprare al momento giusto". Questa citazione di Jesse Livermore introduce il termine **"timing"**: Treccani lo definisce come scelta del tempo migliore per prendere una decisione o effettuare un'azione.

"Il trading si riduce a queste due cose: cercare di vedere in una cosa ciò che non vi ha visto nessuno e cercare di capire ciò che molti stanno pensando" ("Fragmentarius"). La parola **"trading"** letteralmente significa "negoziazione" e viene comunemente utilizzata per indicare la compravendita di strumenti finanziari.

Il simbolo "up" (la manina col pollice in su, per intenderci) viene usato nel linguaggio comune e nei social per indicare qualcosa che ci piace. In finanza un **"upgrade"** indica invece il miglioramento del giudizio di una banca d'affari nei confronti di un titolo.

Termino questa carrellata di parole "incomprensibili" con **"volatilità"**, ultimo termine ma non per importanza, visto che determina l'ampiezza del cambiamento di prezzo in un determinato periodo di tempo.

Ed eccoci arrivati alla fine di questo capitolo, un po' *sui generis* rispetto agli altri ma, a mio parere, necessario. Ho cercato di darti qualche piccola nozione senza esagerare e senza correre il rischio di stancarti. Dopo aver letto questo capitolo non diventerai certo un guru della finanza ma spero almeno che per te il "banchese" diventi una lingua un po' più comprensibile.

Conclusione

Siamo arrivati alla fine di questo tour: spero di averti aiutato a capire come massimizzare i tuoi profitti e diventare un investitore di successo.

Nel corso di questo libro ho cercato di svelarti qualche "segreto", di darti qualche dritta per investire in modo consapevole e per evitare che tu possa farti troppo male. Eh sì, perché, tra l'avvento delle nuove tecnologie che hanno reso gli investimenti "a portata di mouse", i consigli degli "esperti" e gli assalti degli addetti allo sportello che cercano di propinarti i prodotti in collocamento, le insidie per te che devi investire i tuoi risparmi sono davvero dietro l'angolo.

Partiamo dal presupposto che il "buon investitore" è colui che riesce a trarre profitto dal suo capitale: purtroppo o per fortuna non è un obiettivo così semplice da raggiungere, soprattutto se consideriamo che oggi più che mai il mondo degli investimenti è diventato una vera e propria giungla.

Improvvisarti investitore "fai da te" nasconde numerose insidie, ma quello che ho voluto farti capire tra le righe è che nemmeno affidarti al tuo consulente bancario risulta essere una scelta vincente, perché i suoi consigli sono "interessati". E il suo interesse è contrapposto al tuo, anche se il tuo amico lavora ai titoli, come mi sento rispondere spesso.

Peccato che, quando vado a verificare le posizioni, mi rendo conto che, nella maggior parte dei casi, proprio consigli da amico non sono. Ed è normale che sia così, credimi.

Se ti ostini a pensare che la persona che segue i tuoi investimenti lo fa nel tuo interesse stai prendendo un grosso abbaglio: ho lavorato in banca per 14 anni e so come funziona. Nella migliore delle ipotesi, sottoscrivendo i prodotti che ti propone la tua banca, guadagnerai poco o nulla, nella peggiore potresti perdere i tuoi risparmi (Banca Popolare dell'Etruria e del Lazio *docet*).

Se le proposte "interessanti" della tua banca non ti convincono più, se sei stanco di ricevere rendimenti irrisori dai tuoi investimenti e hai la mente abbastanza aperta per prendere in considerazione delle valide alternative ai prodotti finanziari, allora parti con il piede giusto, sei pronto per iniziare il cammino che ti porterà a diventare un investitore di successo. Diventare un "investitore di successo" significa crearti delle vere e proprie rendite che ti porteranno alla tanto ambita e sospirata "libertà finanziaria".

Avrai sicuramente intuito che l'associazione in partecipazione e la cointeressenza impropria sono due dei mezzi per arrivare alla meta, senza avere il batticuore ogni volta che il grafico degli indici di borsa assomiglierà a una fotografia delle montagne russe.

Forse starai pensando che non ti senti all'altezza di valutare da solo come investire il tuo denaro e sicuramente questo libro non può e non intende essere il sostituto di un'attività di consulenza, ma vuole semplicemente offrirti degli spunti di riflessione e renderti consapevole che ci sono altri modi per investire il tuo denaro.

Ti lascio con una citazione che mi trova pienamente d'accordo: "Non esiste vento favorevole per il marinaio che non sa dove andare" (Seneca).

Se anche tu non sai dove andare e hai bisogno di una bussola, puoi continuare a seguirmi cliccando "Mi piace" sulla mia pagina Facebook www.facebook.com/cdeconsulting.it/ dove troverai tante news interessanti sul mondo della finanza, utili per rimanere sempre "sul pezzo". Se aspiri a diventare un investitore di successo e vuoi rimanere aggiornato sulle mie iniziative, workshop e webinar, iscriviti alla newsletter tramite il mio sito web www.cdeconsulting.it: qui potrai trovare anche un blog con una serie di articoli sul panorama finanziario e un video in cui ti spiego cosa posso fare per te e perché affidarti a un consulente indipendente. Se questo libro ti ha incuriosito, se lo hai trovato interessante e ne vuoi sapere di più, mi puoi contattare cliccando su www.cdeconsulting.it/contatti o all'indirizzo email info@cdeconsulting.it.

Carmen D. Esposito

Ringraziamenti

La prima persona che desidero ringraziare è Giacomo Bruno, senza il quale questo libro sarebbe a disposizione di pochi. Ne avevo già scritto uno sull'argomento e provato a pubblicarlo in self publishing, ma senza i suoi "segreti" non avrei mai raggiunto un pubblico più ampio di amici e conoscenti.

Dopo la presentazione ufficiale e l'entusiasmo generale ho provato a pubblicizzarlo sul web con scarsi risultati e, anche se con molto dispiacere, ho smesso di occuparmi del marketing del mio libro: quando non si sa bene in che direzione andare e i risultati non arrivano, non è facile perseverare nell'intento.

Poi ho visto la pubblicità del corso "Numero1" e ho pensato che fosse la mia occasione. Quando Giacomo ha detto: "Cambia la vita alle persone!", ho pensato di essere nel posto giusto al momento giusto.

Sono ancora troppe le persone a digiuno di cultura finanziaria, troppe quelle che vedono andare in fumo i risparmi di una vita, che si fanno propinare prodotti "discutibili", che investono per anni i loro risparmi per portare a casa poco più del capitale investito, a volte correndo rischi di cui non sono nemmeno consapevoli. Ebbene, questo libro serve a svelare ai risparmiatori qualche piccolo segreto e a dare loro un aiuto concreto per imparare a distinguere un'opportunità da uno "specchietto per le allodole". Se servirà ad aiutare anche una sola persona, ne sarò felice.

Sono grata a tutte le persone che hanno creduto in me e nel mio progetto, che mi hanno aiutato, sostenuto e incoraggiato, agli amici che hanno gioito con me quando è arrivata l'email che mi informava che la mia proposta era stata selezionata, ma anche a chi, alla richiesta di accompagnarmi al corso di "Numero1", ha risposto "non spreco 3 giorni del mio tempo per qualcosa che non m'interessa" perché mi ha fatto capire che il tempo lo stavo sprecando io.

Un ringraziamento particolare va a mia mamma che mi ha

sopportato per tutto il tempo che è servito a scrivere questo libro e al mio papà che, sono sicura, è fiero di me anche da lassù.

Grazie a tutti gli amici virtuali e non, ai compagni di viaggio con cui ho condiviso questa bellissima esperienza.

Grazie all'amica di sempre, confidente, collaboratrice, compagna di mille avventure Angela Casile: senza le sue correzioni questo libro si presenterebbe molto meno scorrevole.

E infine grazie a te che mi hai dato fiducia e che stai leggendo questo libro.

Buon vento!